By: Jobe Leonard

Copyright © Jobe Leonard 2014

This book is sold subject to the condition that it shall not, by way of trade or otherwise, be lent, resold, hired out, or otherwise circulated without the publisher's prior consent in any form of binding or cover other than that in which it is published and without a similar condition, being imposed on the subsequent publisher.

For information about special discounts, bulk purchases, or autographed editions please contact Jobe Leonard at Jobe@LakeFun.com

Write to:

Lake Fun

1511 Mayflower Lane

Dandridge, TN 37725

Or visit:

www.LakeFun.com

Copyright © 2014 Jobe Leonard

All rights reserved.

www.LakeFun.com

Binoculars

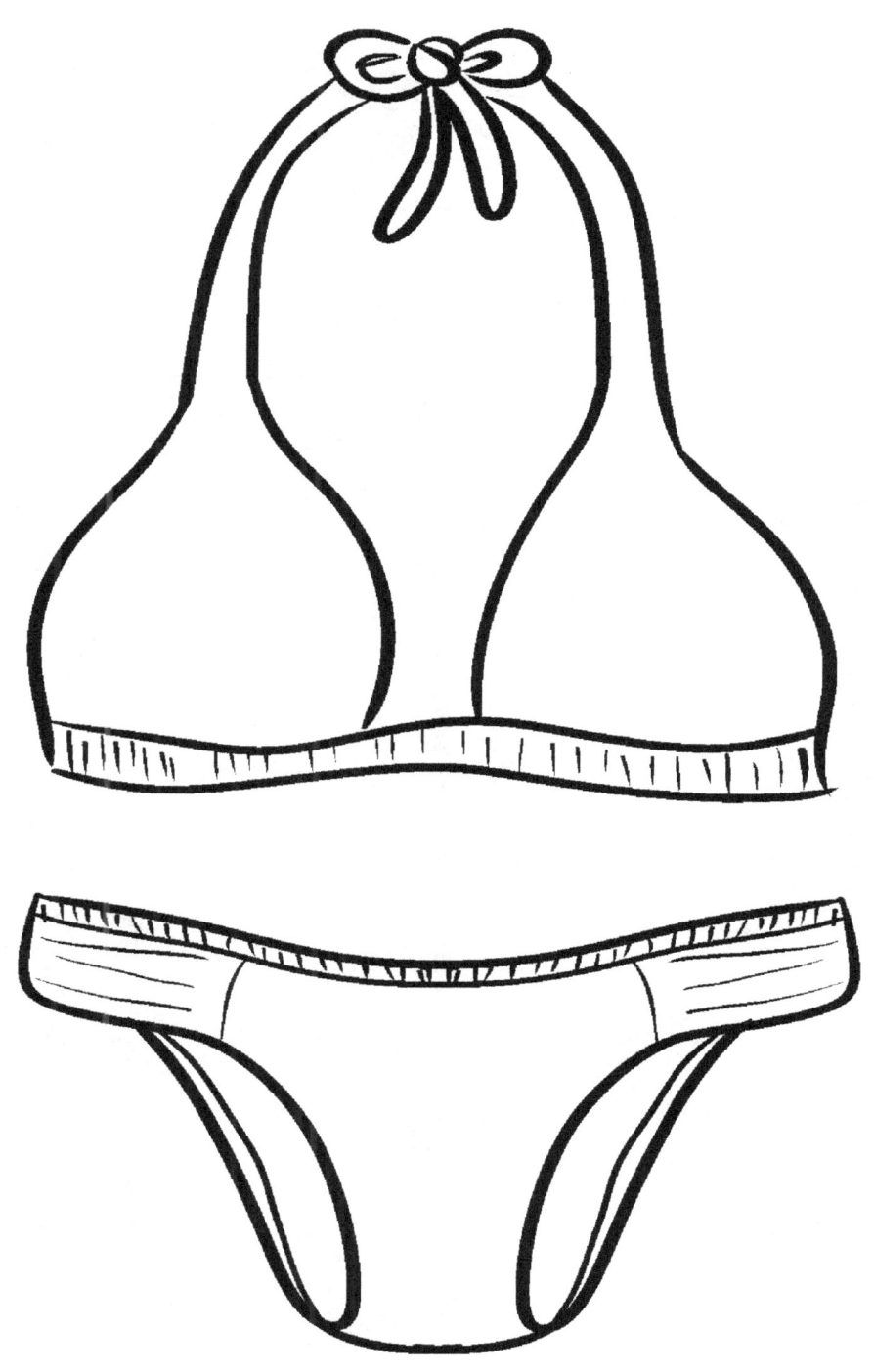

Bikini

www.LakeFun.com

Anchor

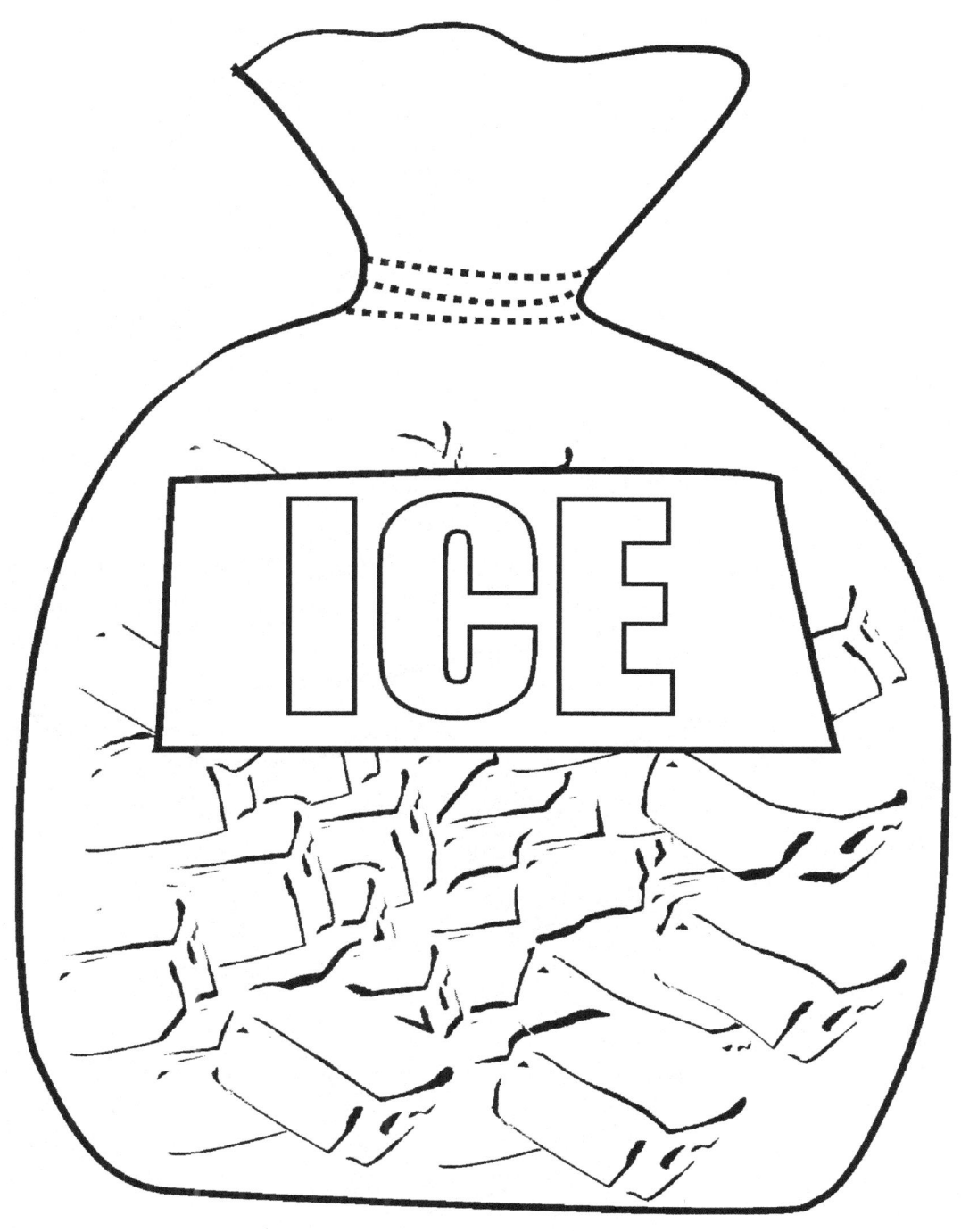

Bag of Ice

www.LakeFun.com

Lake Towel

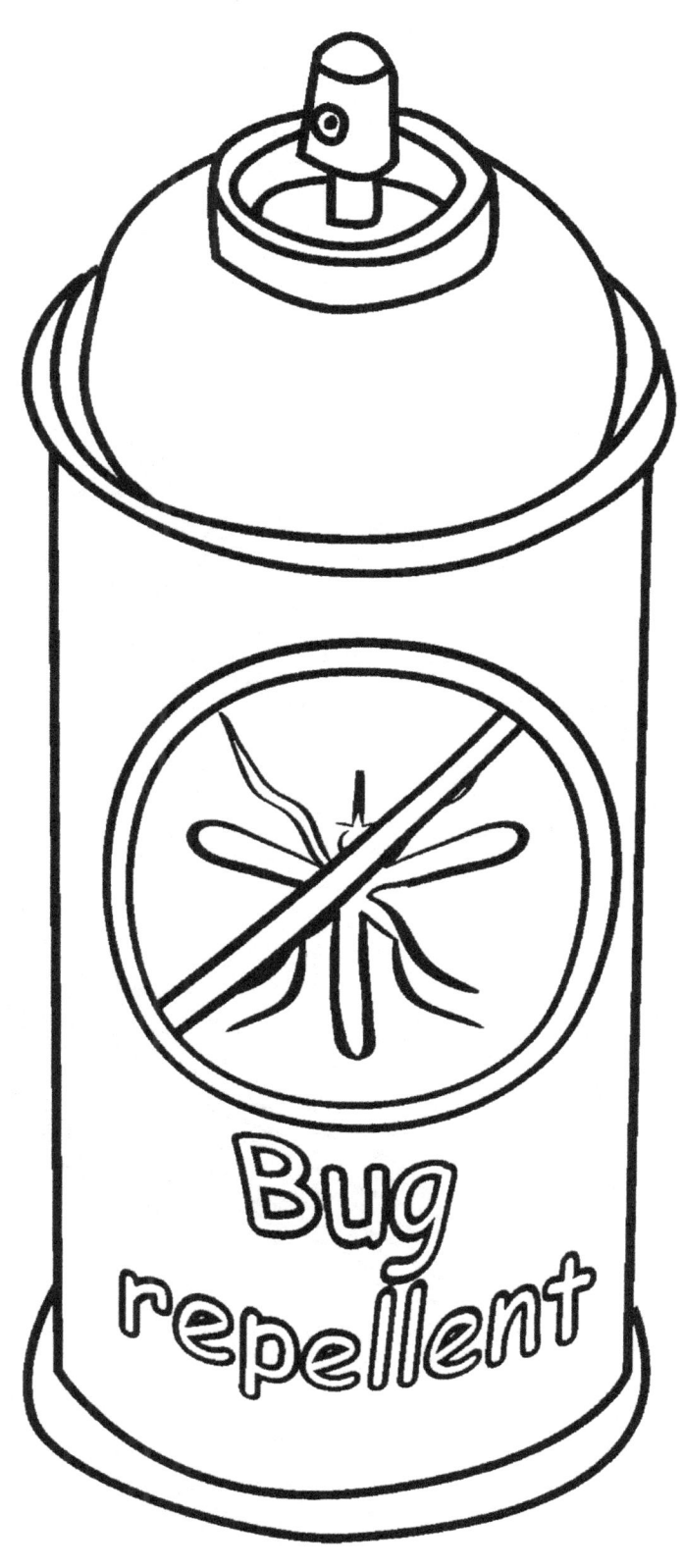

Bug Spray

www.LakeFun.com

Book

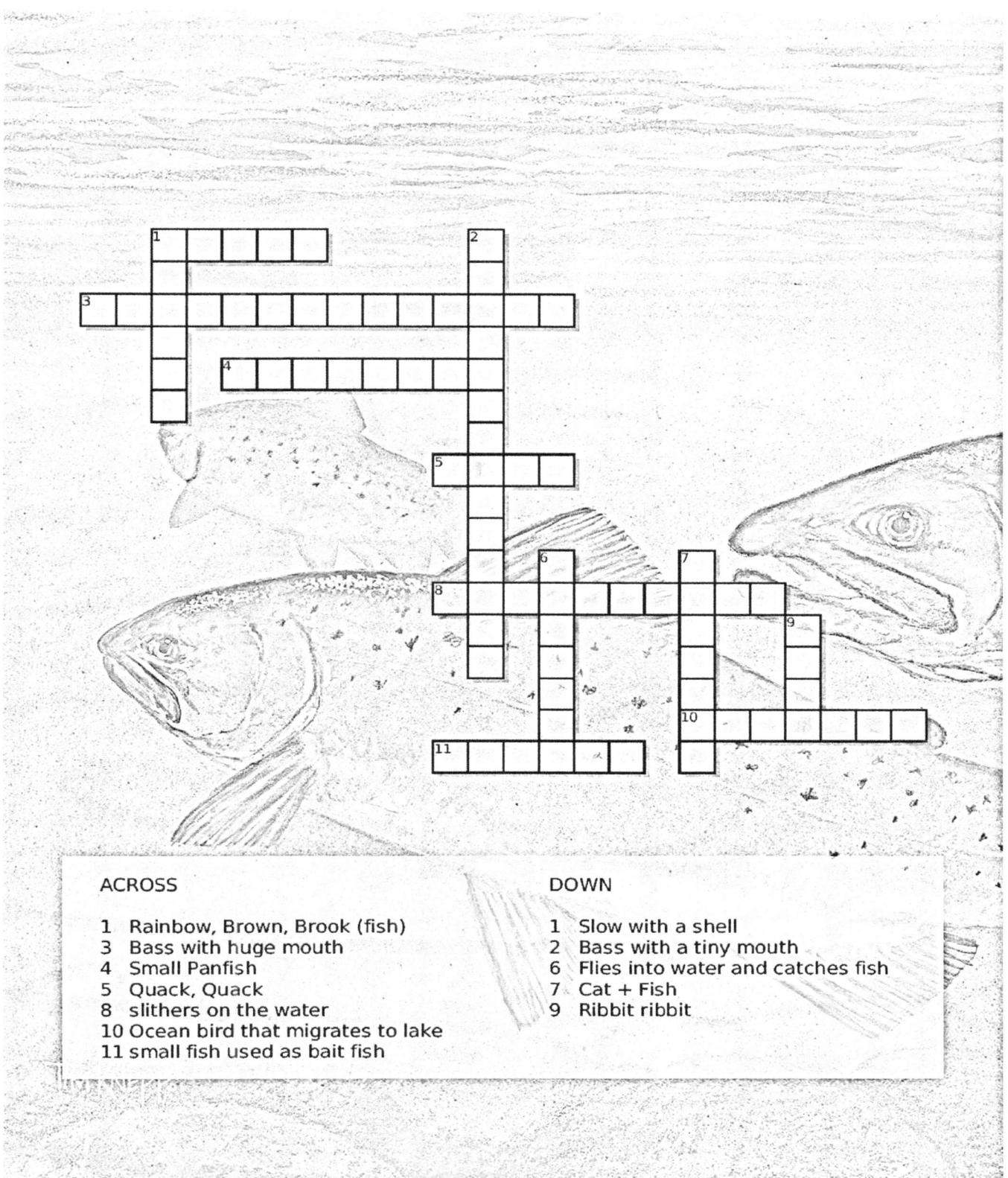

ACROSS

1. Rainbow, Brown, Brook (fish)
3. Bass with huge mouth
4. Small Panfish
5. Quack, Quack
8. slithers on the water
10. Ocean bird that migrates to lake
11. small fish used as bait fish

DOWN

1. Slow with a shell
2. Bass with a tiny mouth
6. Flies into water and catches fish
7. Cat + Fish
9. Ribbit ribbit

Solve the Puzzle!

www.LakeFun.com

Bobber

Row Boat

www.LakeFun.com

Drinks

Dog

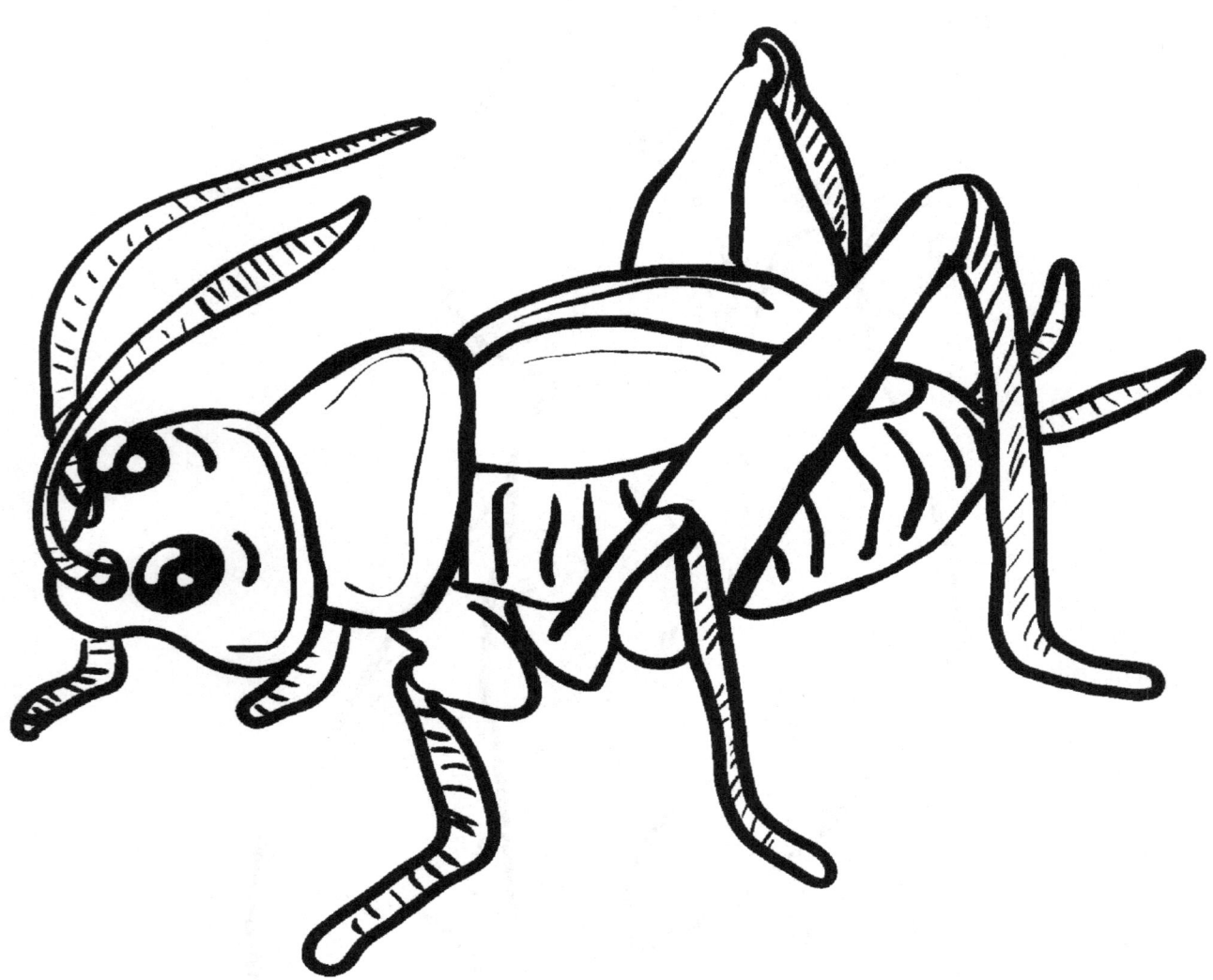

Cricket

J	D	V	A	F	R	I	E	N	D	S	P	U	C
F	G	F	U	I	C	A	M	P	F	I	R	E	
M	I	O	C	S	W	W	M	O	N	E	Y	J	E
Z	N	S	G	H	S	Y	A	L	T	D	J	M	I
F	I	D	H	G	W	W	T	O	U	X	T	R	V
P	G	D	R	E	L	V	M	T	B	O	R	T	J
A	R	D	R	I	R	E	O	I	E	P	U	E	W
D	I	V	A	B	N	M	S	O	S	I	N	N	H
D	L	I	D	O	B	K	A	N	V	S	K	T	A
L	L	S	I	A	P	P	S	N	E	J	S	A	T
E	W	O	O	T	P	Q	D	B	I	K	I	N	I
F	I	R	E		W	O	O	D	J	Z	Q	M	V
G	X	F	L	F	L	I	P	P	E	R	S	W	V
H	S	B	T	O	W	E	L	R	A	F	T	S	X

How Many Lake Fun Words Can You Find?

www.LakeFun.com

Coozie

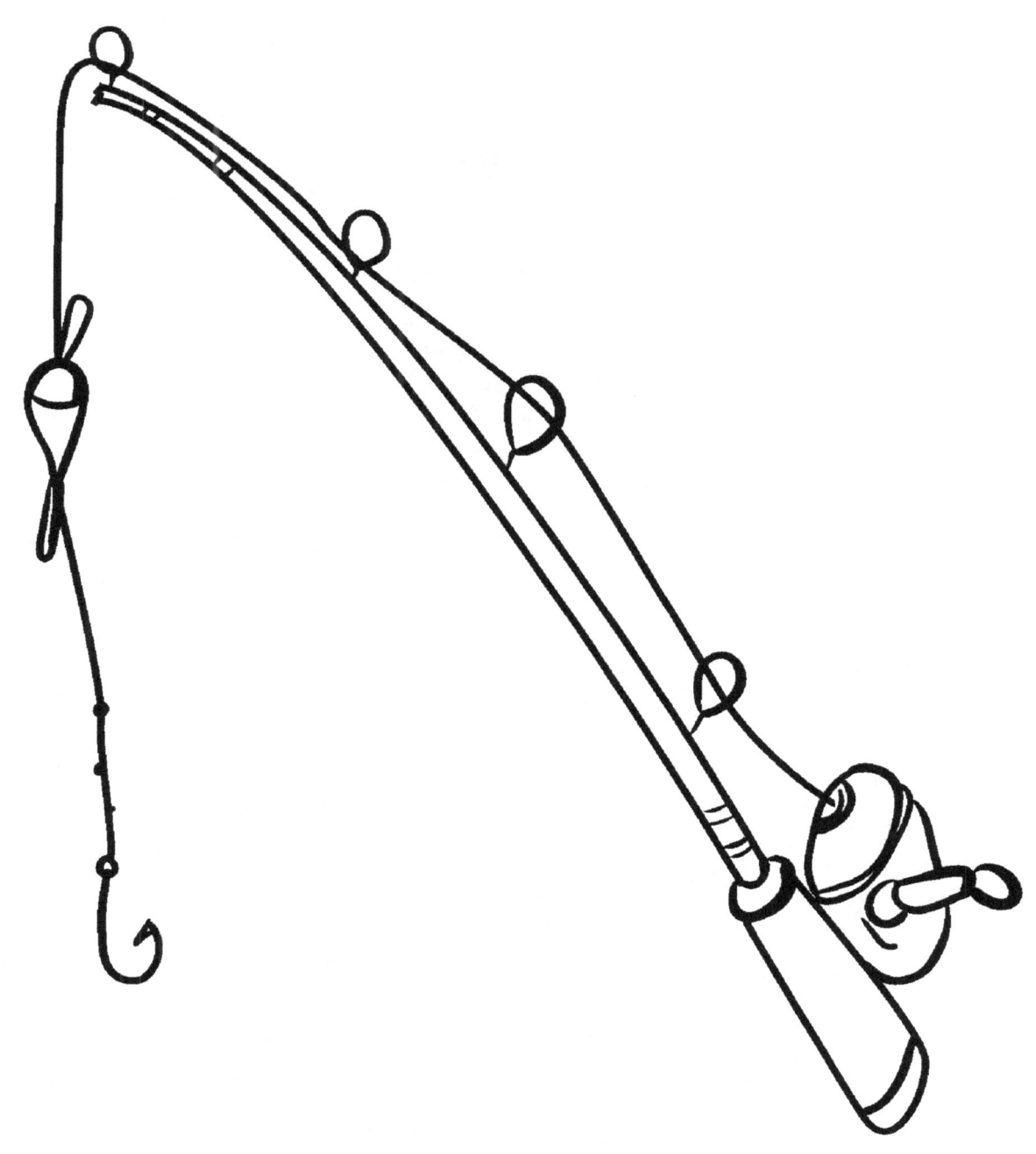

Fishing Rod

www.LakeFun.com

Fishing Hook

Fishing Boat

www.LakeFun.com

Fisherman

Circle Your Favorite Lake Fun Activities!

www.LakeFun.com

Hat

Grill

Graham Crackers

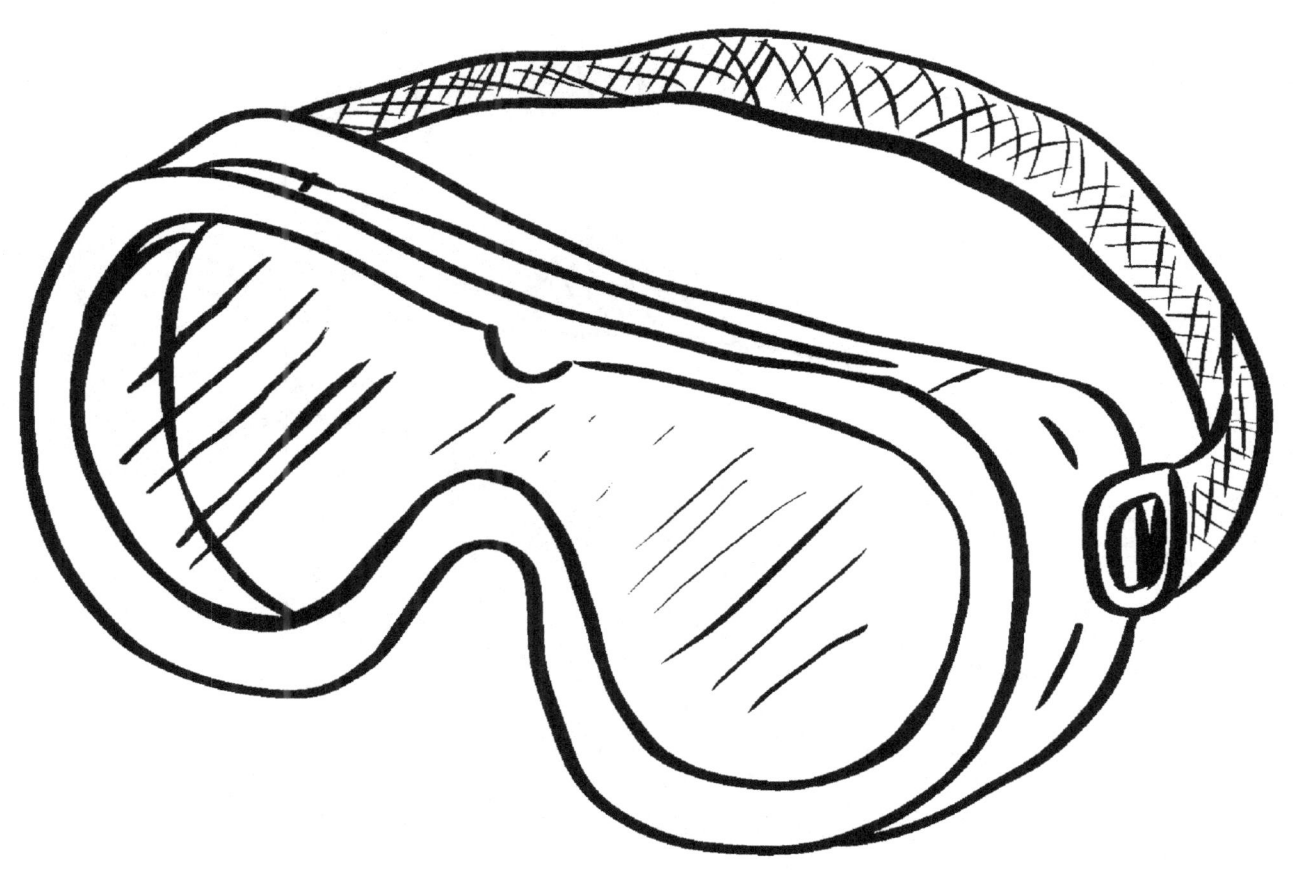

Goggles

www.LakeFun.com

Minnow

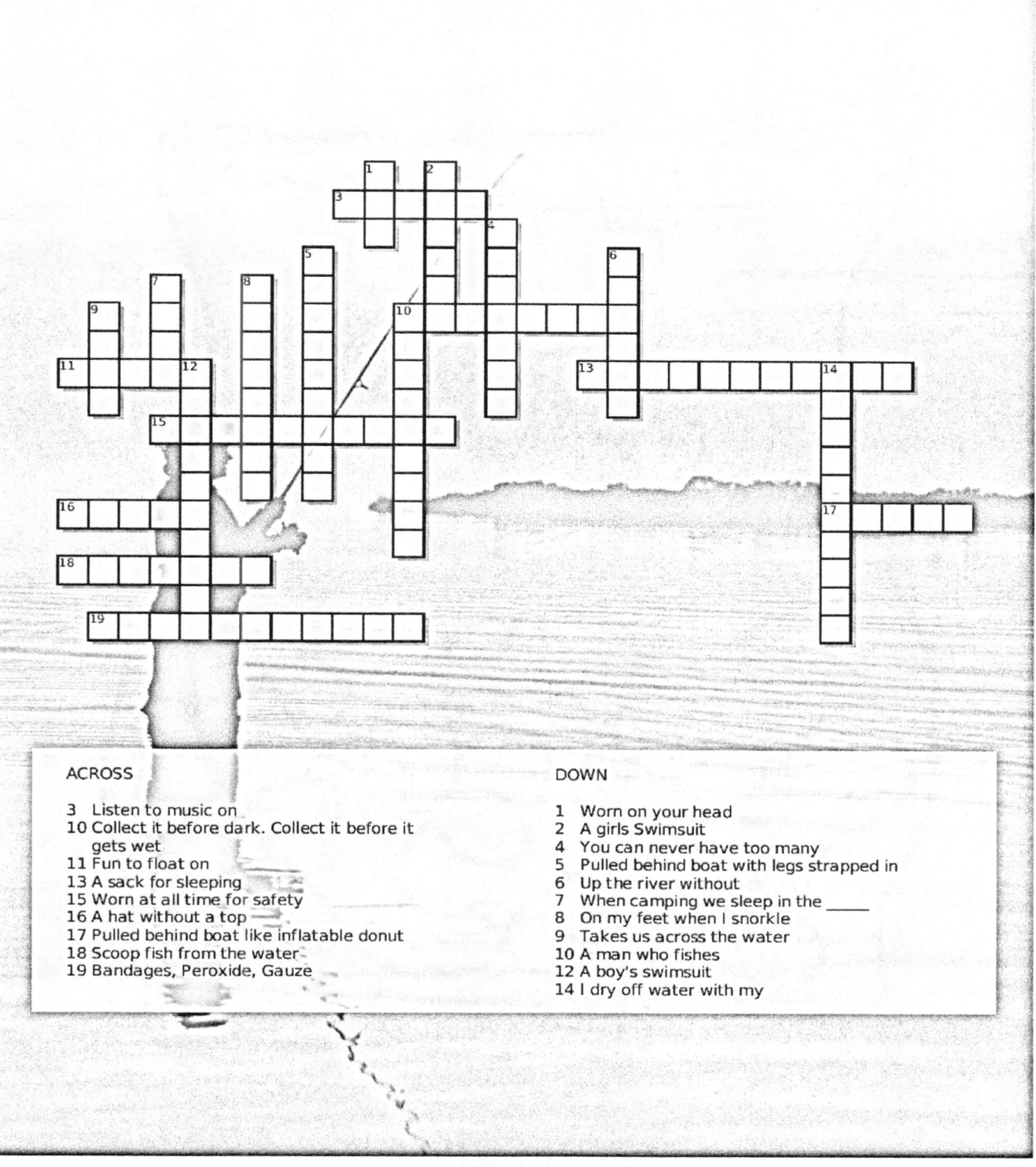

Solve the Puzzle

Marshmallows

www.LakeFun.com

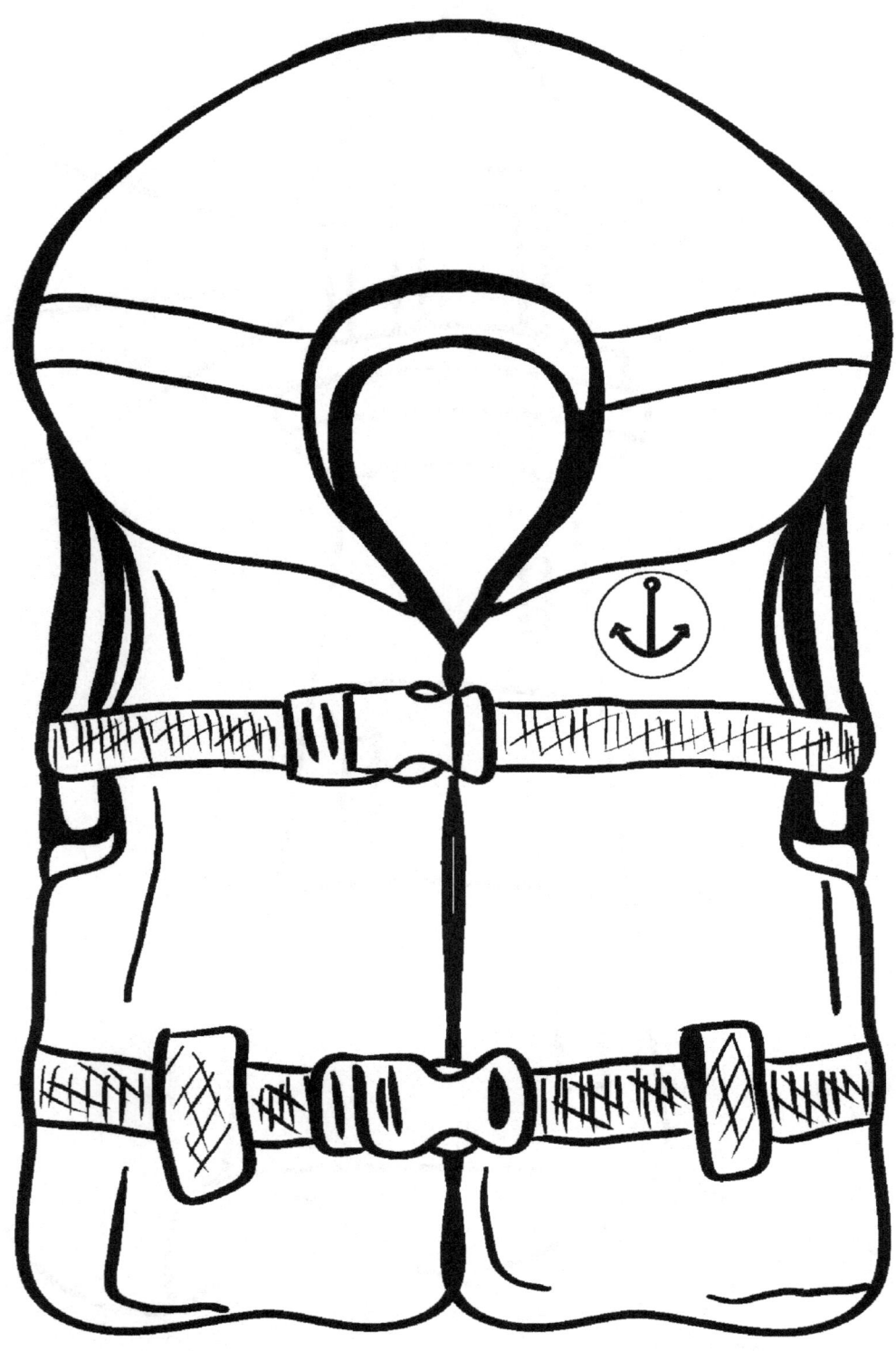

Life Jacket

Paddle Boat

www.LakeFun.com

Playing Cards

A	I	T	O	C	C	R	I	C	K	E	T	D	I
E	X	C	A	U	H	L	Q	F	A	V	B	Z	L
K	L	I	A	C	B	A	P	I	R	O	C	K	S
T	I	T	S	M	K	A	I	R	O	D	G	J	B
U	L	P	J	G	E	L	A	R	F	H	C	D	R
A	N	C	H	O	R	R	E	K	S	I	Y	R	K
C	S	N	A	C	K	S	A	C	A	R	D	S	V
D	O	C	B	O	T	T	L	E	I	P	O	F	C
E	B	O	O	C	S	P	F	J	B	O	O	K	L
Q	W	D	Z	O	Q	L	J	W	S	U	K	M	O
V	O	Z	G	I	L	C	J	F	J	H	E	Z	T
U	R	R	I	X	E	E	X	Y	T	N	O	P	H
G	M	O	H	N	L	A	R	X	M	Z	B	E	E
Z	S	Z	B	I	N	O	C	U	L	A	R	C	S

How Many Lake Fun Words Can You Find?

Picnic Basket

Cellular Phone

www.LakeFun.com

Snacks

S'more

www.LakeFun.com

Small Mouth Bass

ACROSS

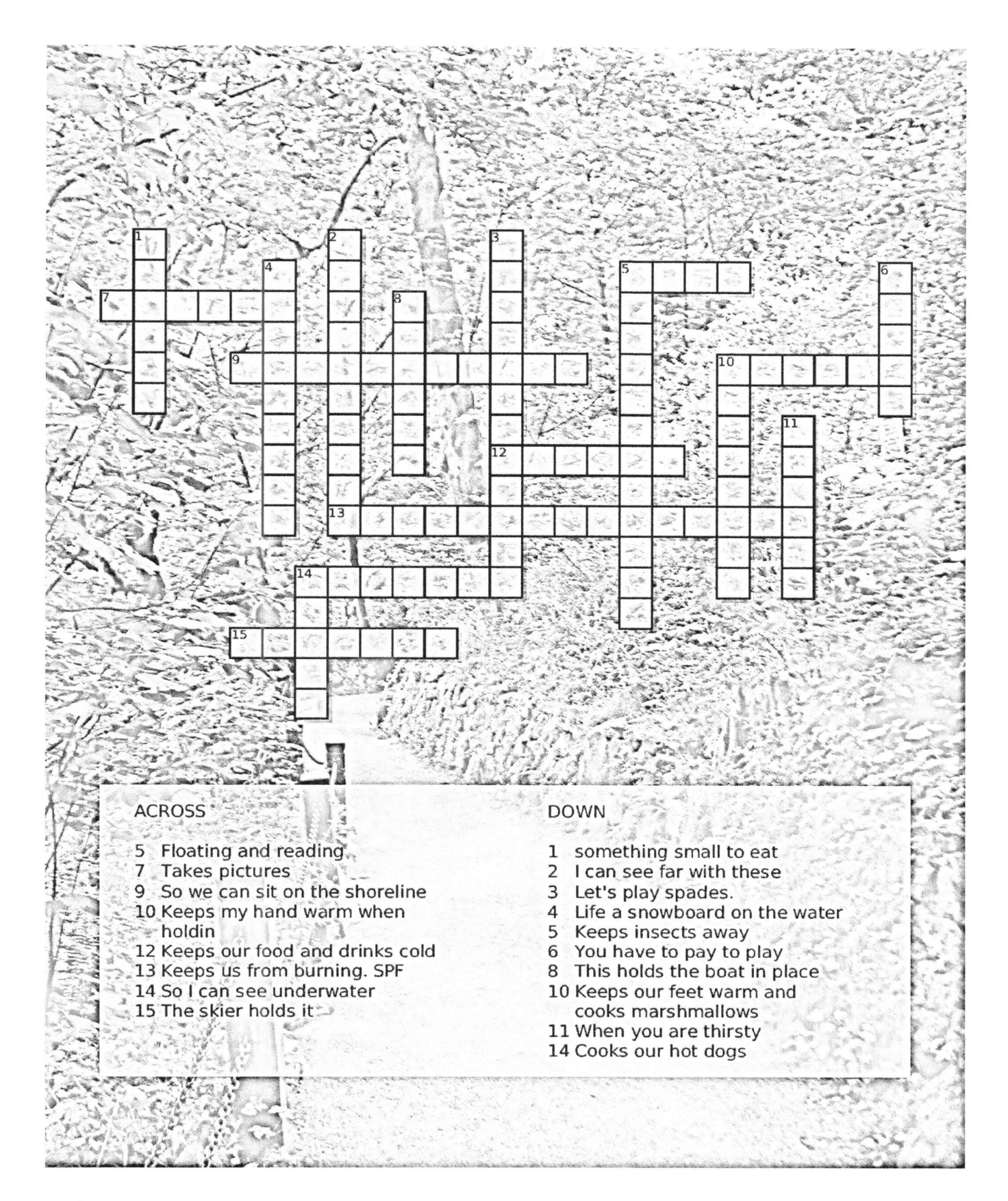

5 Floating and reading
7 Takes pictures
9 So we can sit on the shoreline
10 Keeps my hand warm when holdin
12 Keeps our food and drinks cold
13 Keeps us from burning. SPF
14 So I can see underwater
15 The skier holds it

DOWN

1 something small to eat
2 I can see far with these
3 Let's play spades.
4 Life a snowboard on the water
5 Keeps insects away
6 You have to pay to play
8 This holds the boat in place
10 Keeps our feet warm and cooks marshmallows
11 When you are thirsty
14 Cooks our hot dogs

Solve the Puzzle!

www.LakeFun.com

Sleeping Bag

Trash

www.LakeFun.com

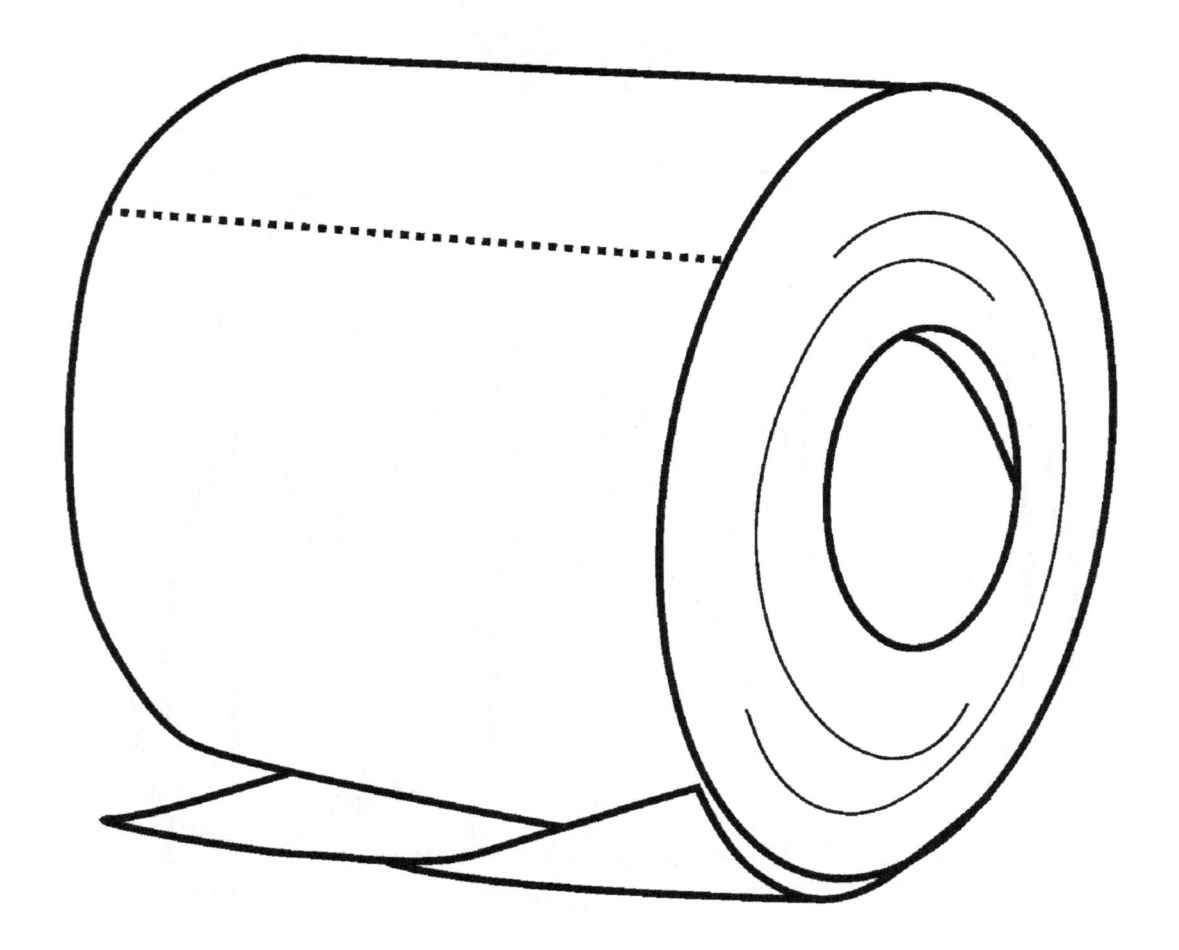

Toilet Paper

Tent

www.LakeFun.com

Tackle Box

Circle Items You Could Wear to the Lake.

www.LakeFun.com

Worms

Water Melon

www.LakeFun.com

Snake

Water Shoes

www.LakeFun.com

Water Bottle

ACROSS

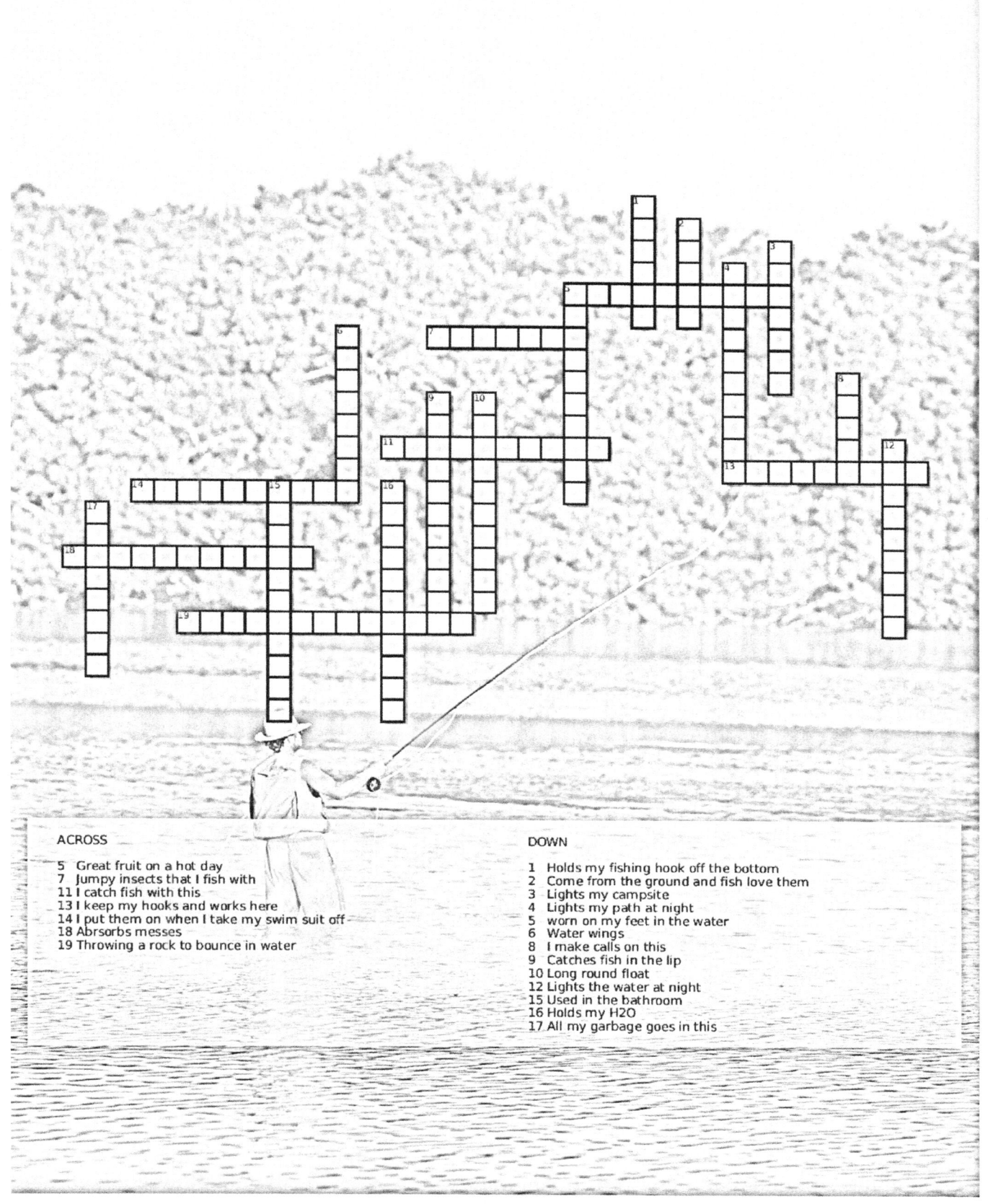

5 Great fruit on a hot day
7 Jumpy insects that I fish with
11 I catch fish with this
13 I keep my hooks and works here
14 I put them on when I take my swim suit off
18 Abrsorbs messes
19 Throwing a rock to bounce in water

DOWN

1 Holds my fishing hook off the bottom
2 Come from the ground and fish love them
3 Lights my campsite
4 Lights my path at night
5 worn on my feet in the water
6 Water wings
8 I make calls on this
9 Catches fish in the lip
10 Long round float
12 Lights the water at night
15 Used in the bathroom
16 Holds my H2O
17 All my garbage goes in this

Solve the Puzzle

www.LakeFun.com

Wake Board

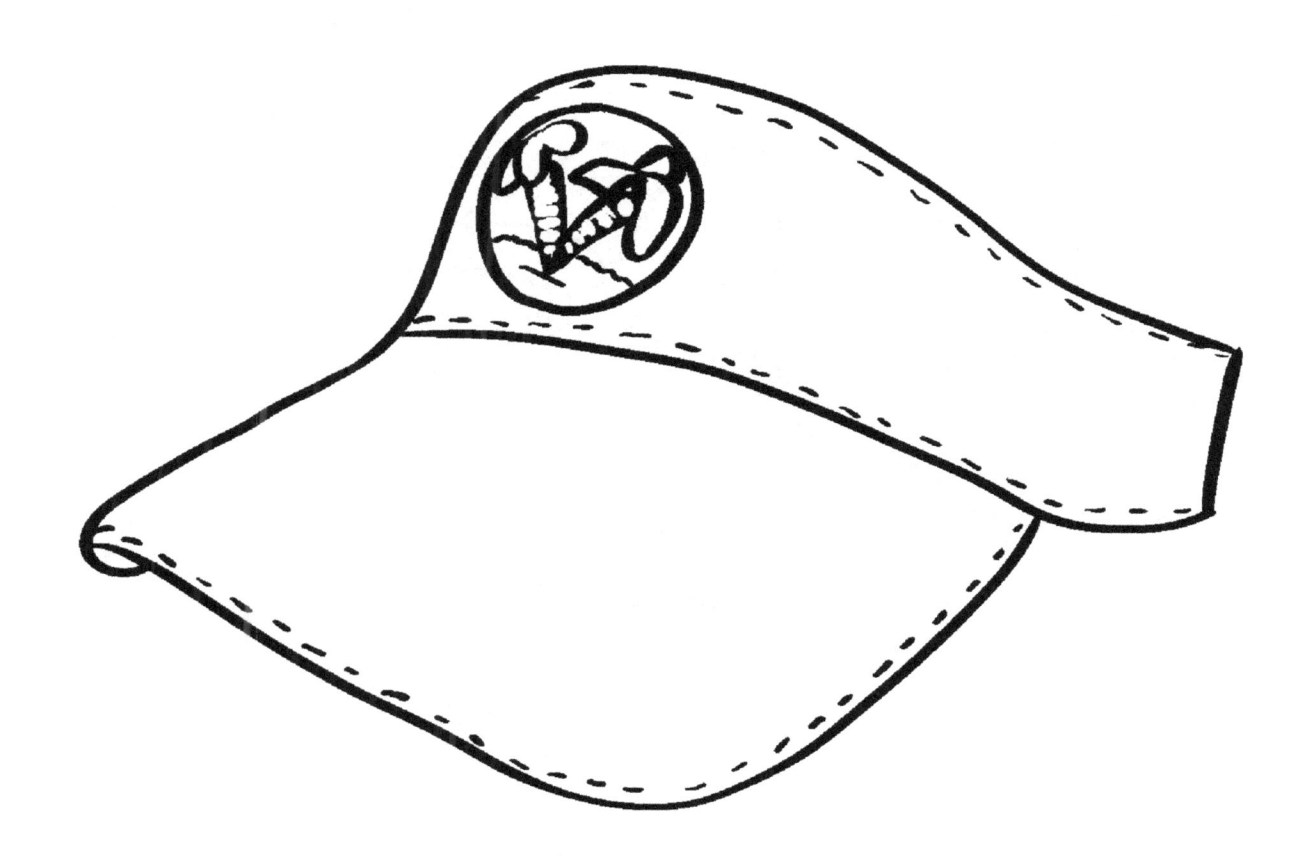

Visor

www.LakeFun.com

Turtle

Tubes

www.LakeFun.com

Trout

Swim Trunks

www.LakeFun.com

Tablet

Swim Noodle

www.LakeFun.com

Swim Cap

Sun Screen

www.LakeFun.com

Skipping Rocks

Ski Rope

www.LakeFun.com

Seagull

Q	B	P	V	D	P	R	S	D	U	C	K	P	W
M	I	N	N	O	W	W	P	H	O	N	E	A	A
E	T	J	K	G	T	U	R	T	L	E	K	P	T
F	G	R	G	C	A	T	F	I	S	H	T	E	E
I	I	E	O	I	Q	C	B	D	A	Z	R	R	R
S	B	O	A	T	R	R	L	O	F	O	A	V	M
H	Q	P	W	H	T	I	U	A	B	X	S	X	E
I	P	V	A	K	S	C	E	K	X	D	H	U	L
N	W	H	T	D	K	K	G	R	E	B	E	U	O
G	N	H	E	K	I	E	I	L	U	E	Y	C	N
M	I	I	R	C	U	T	L	C	N	J	F	U	I
T	I	D	Y	T	A	G	L	C	J	L	O	J	U
L	U	U	L	Q	B	O	B	B	E	R	P	C	T
Q	T	X	L	A	N	T	E	R	N	C	O	A	A

How Many Lake Fun Words Can You Find?

www.LakeFun.com

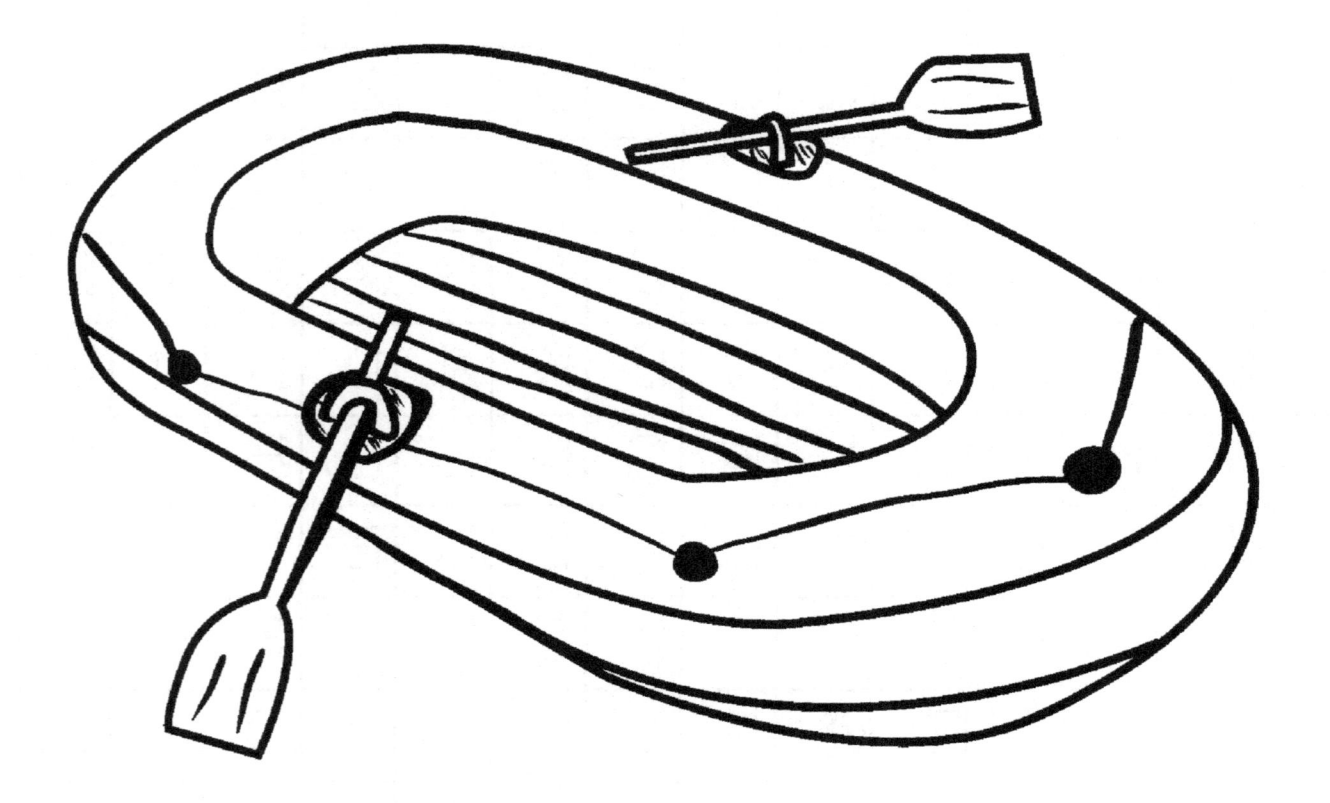

Raft

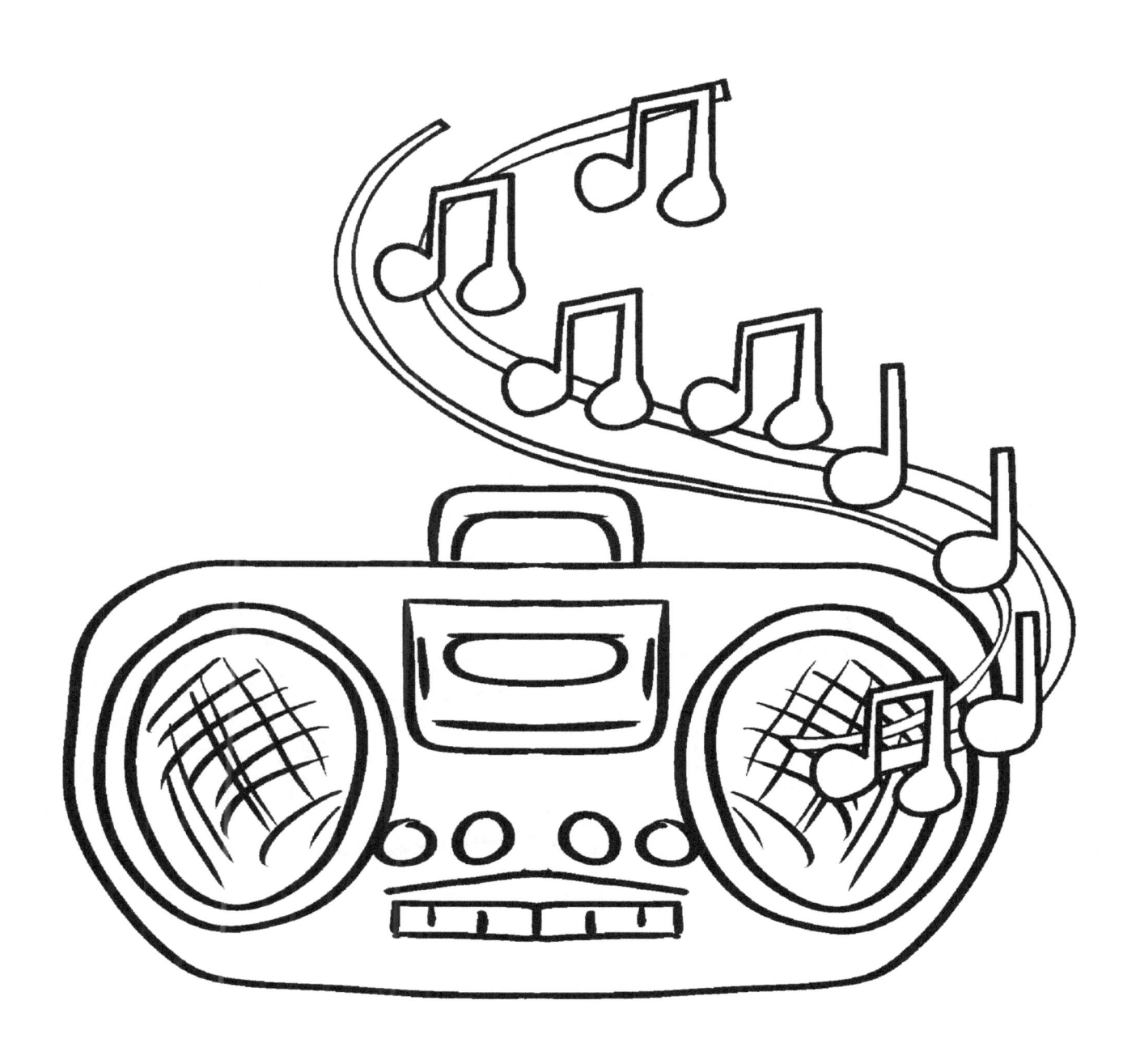

Radio

www.LakeFun.com

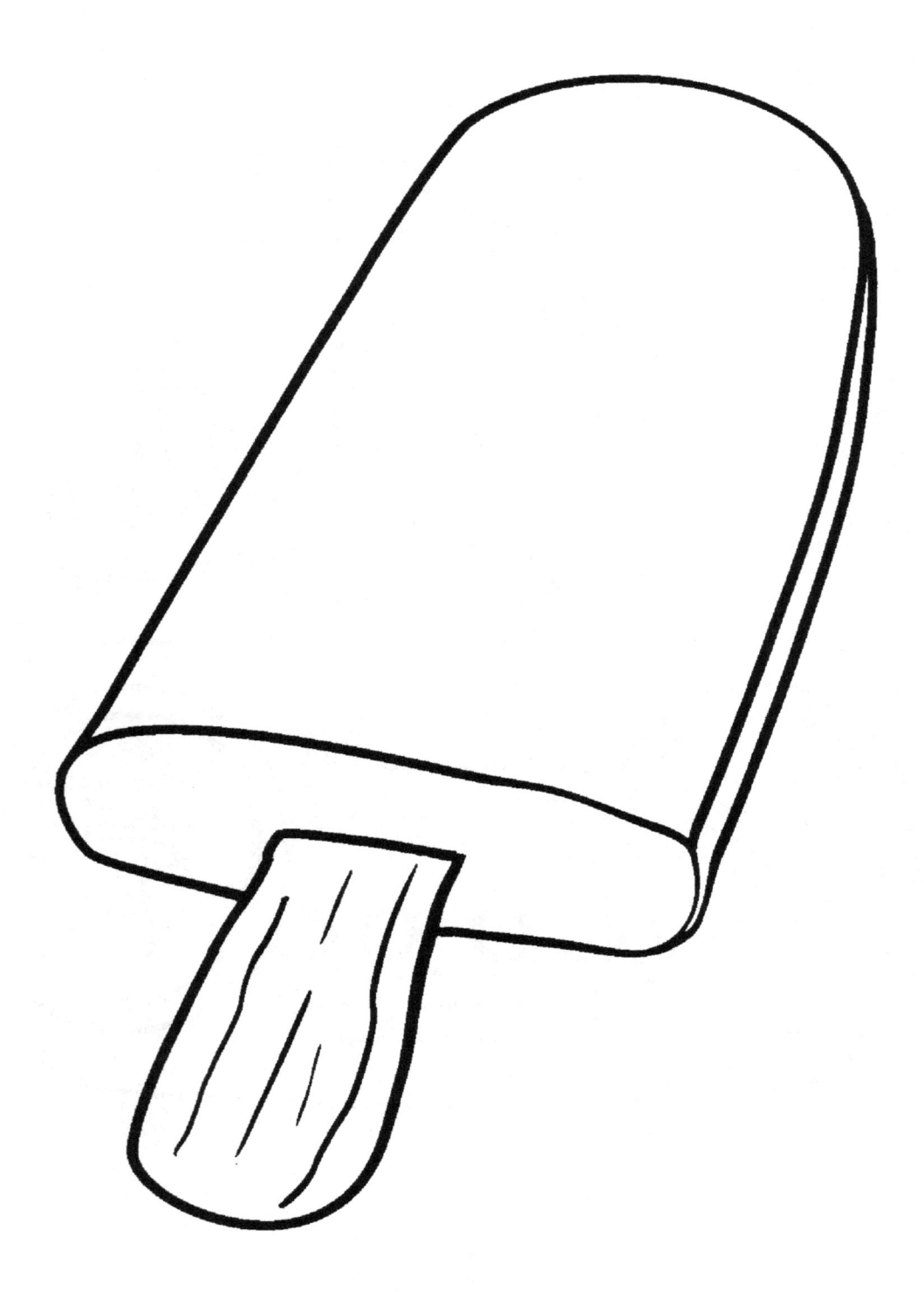

Popsicle

Pelican

www.LakeFun.com

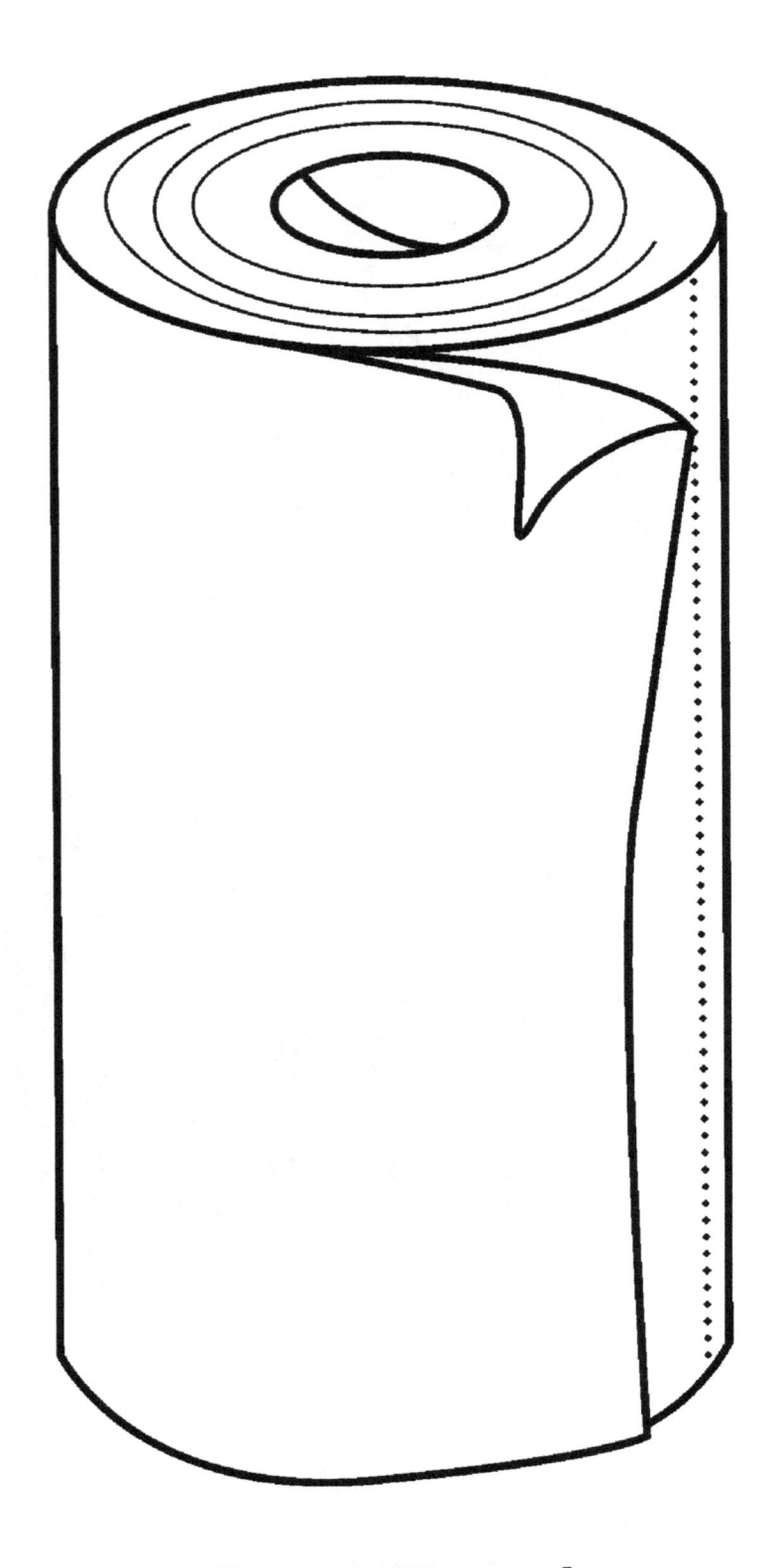

Paper Towel

ACROSS

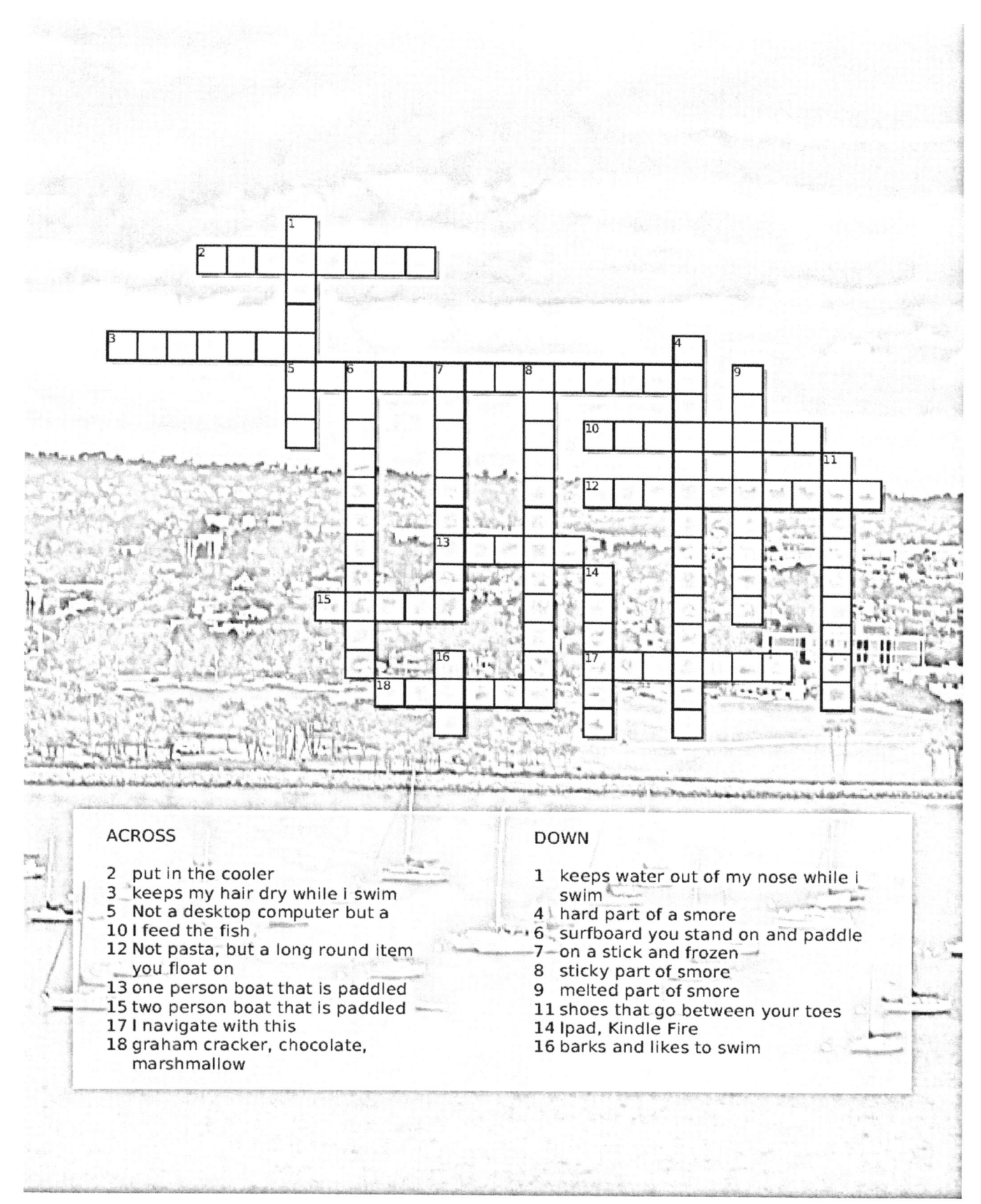

2. put in the cooler
3. keeps my hair dry while i swim
5. Not a desktop computer but a
10. I feed the fish
12. Not pasta, but a long round item you float on
13. one person boat that is paddled
15. two person boat that is paddled
17. I navigate with this
18. graham cracker, chocolate, marshmallow

DOWN

1. keeps water out of my nose while i swim
4. hard part of a smore
6. surfboard you stand on and paddle
7. on a stick and frozen
8. sticky part of smore
9. melted part of smore
11. shoes that go between your toes
14. Ipad, Kindle Fire
16. barks and likes to swim

Solve the Puzzle!

www.LakeFun.com

Paddle Board

Canoe

www.LakeFun.com

Nose Plug

Money

www.LakeFun.com

Large Mouth Bass

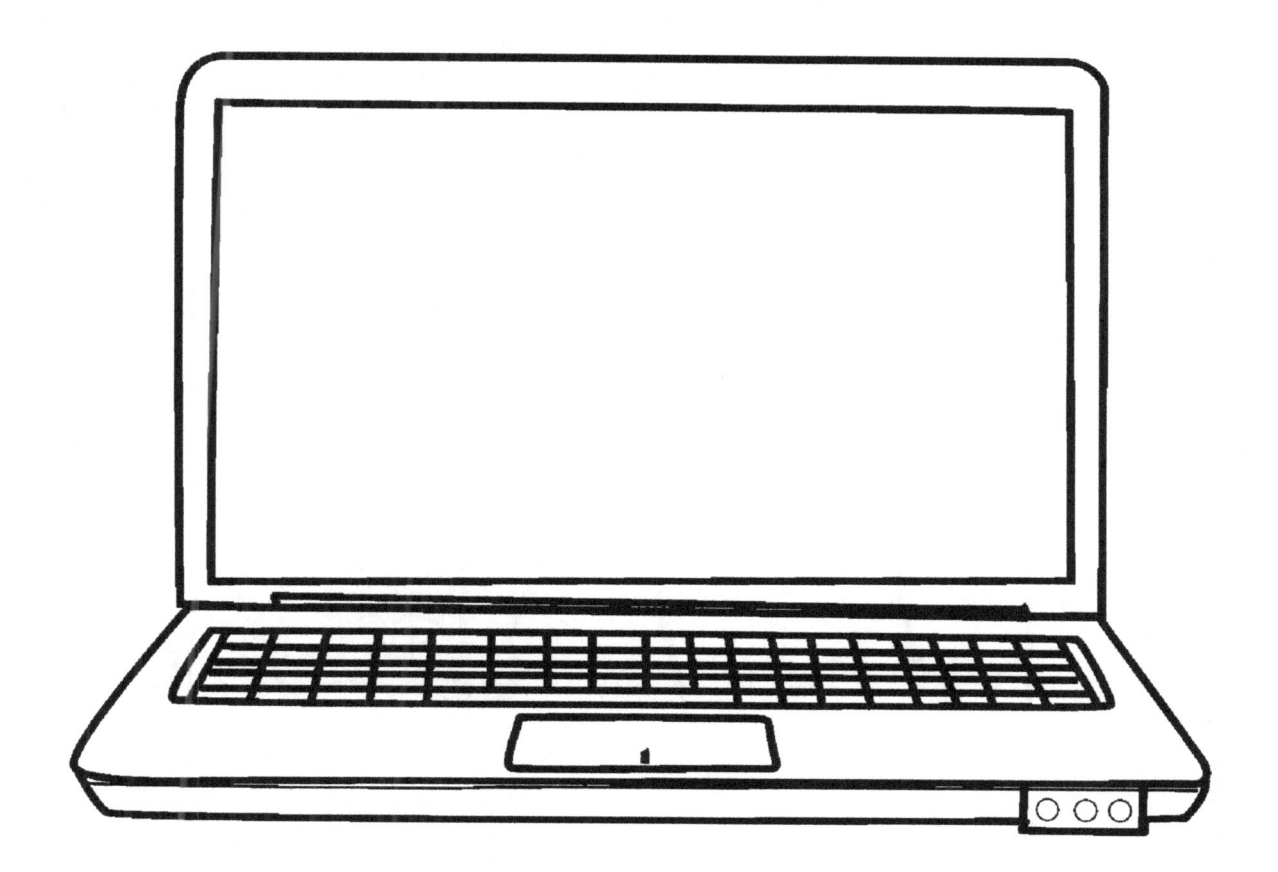

Laptop

www.LakeFun.com

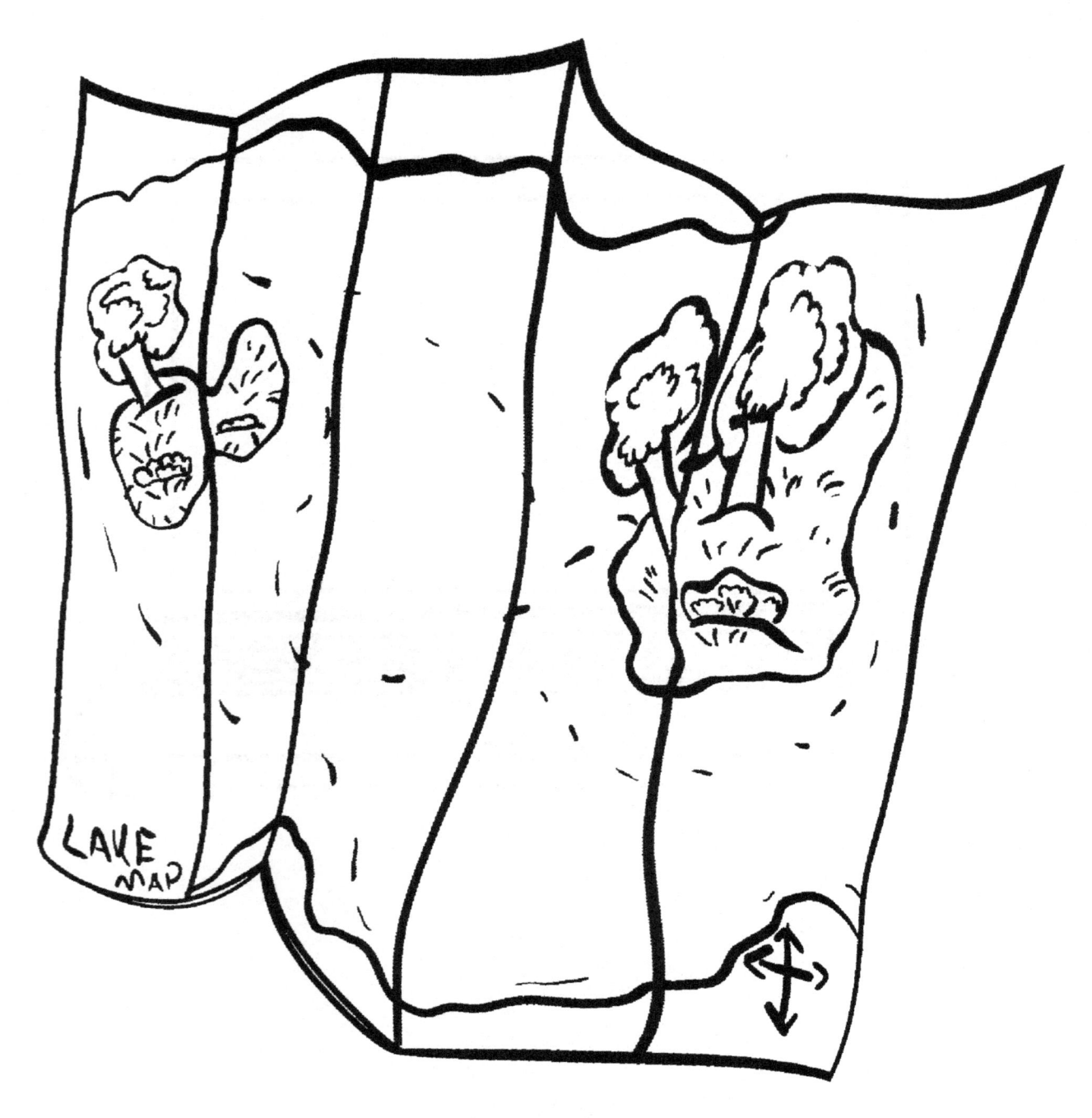

Lake Map

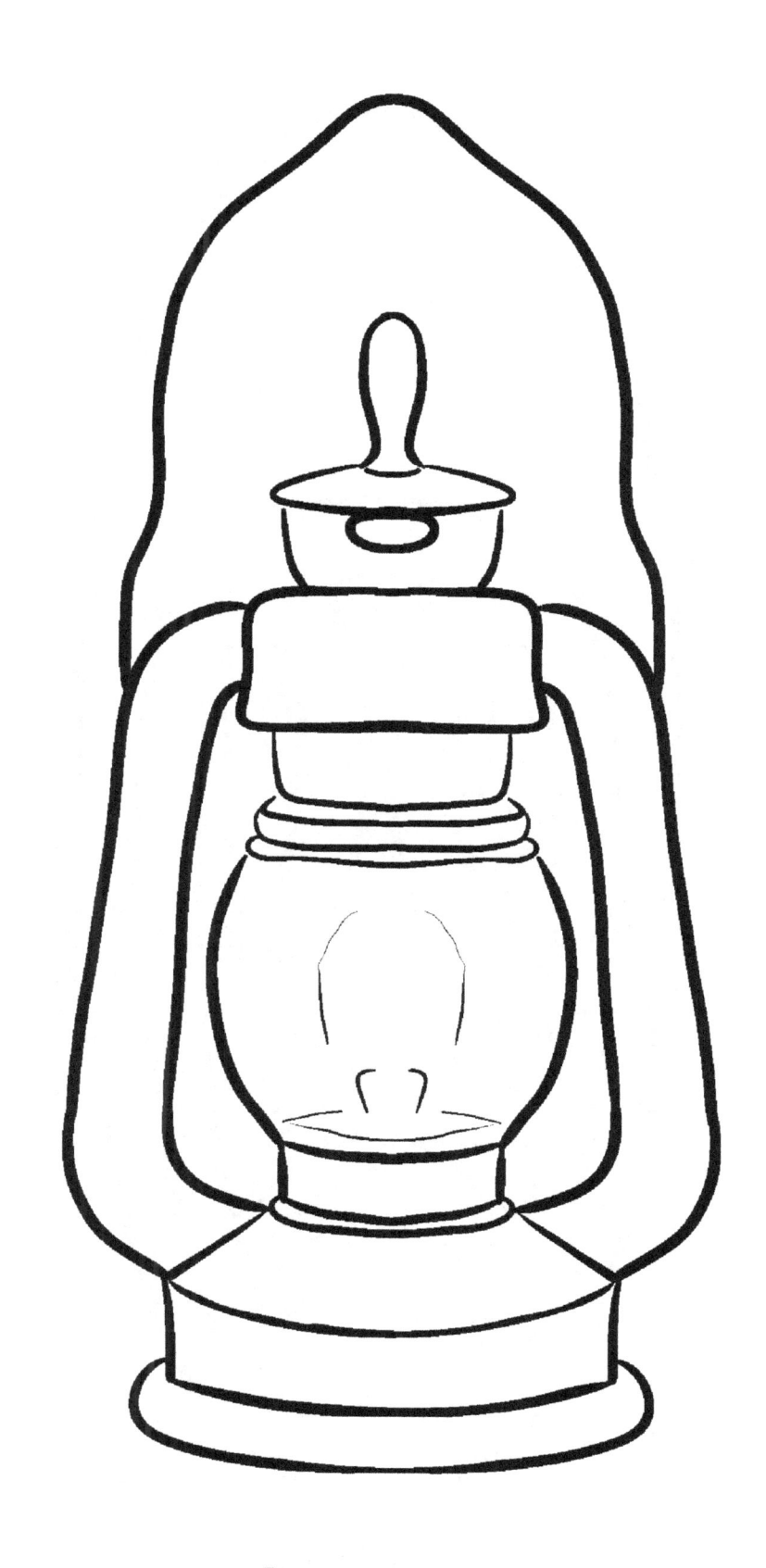

Lantern

www.LakeFun.com

Knee Board

Dock

www.LakeFun.com

Frog

Friends

G	P	E	L	I	C	A	N	F	F	Q	G	S
T	A	B	L	E	T	K	R	I	C	E	F	M
A	L	L	H	P	L	U	G	O	L	S	X	O
S	R	E	S	L	H	F	F	B	A	S	S	R
E	X	C	A	L	W	A	O	X	X	S	A	E
M	Z	A	N	A	H	D	O	T	Y	E	X	S
P	Q	N	D	P	B	H	D	R	B	A	V	G
O	V	O	A	T	A	D	D	O	N	G	V	G
K	Z	E	L	O	G	Y	O	U	F	U	F	F
D	L	F	S	P	D	A	G	T	A	L	R	U
H	C	H	O	C	O	L	A	T	E	L	O	N
K	A	Y	A	K	U	G	L	A	K	E	G	N
T	S	W	I	M	F	O	L	D	D	Q	N	C

How Many Lake Fun Words Can You Find?

Floaties

www.LakeFun.com

Lake Chair

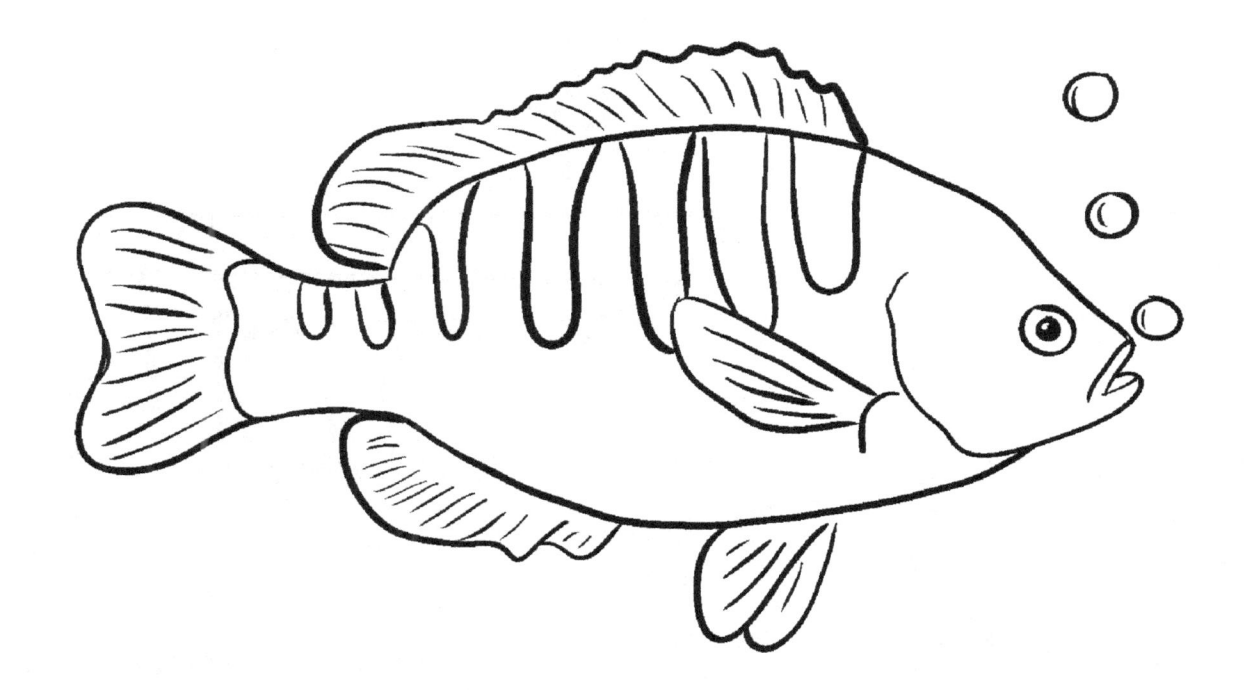

Blue Gill

www.LakeFun.com

Boat Light

Camera

www.LakeFun.com

Campfire

Lake Shore

www.LakeFun.com

Catfish

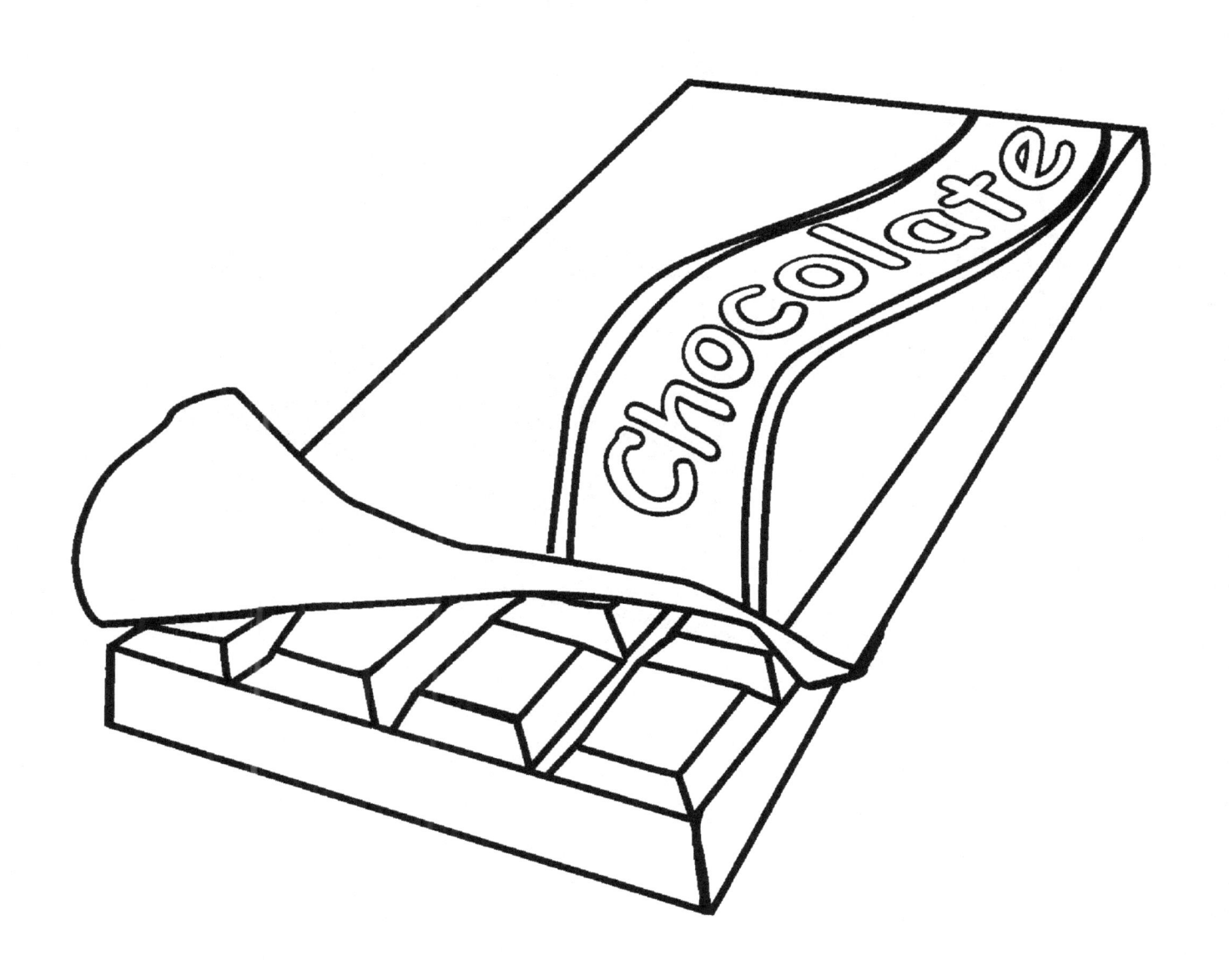

Chocolate

www.LakeFun.com

Cooler

Lake Clothes

www.LakeFun.com

Duck

Firewood

First Aid Kit

Fish Food

www.LakeFun.com

Fish Net

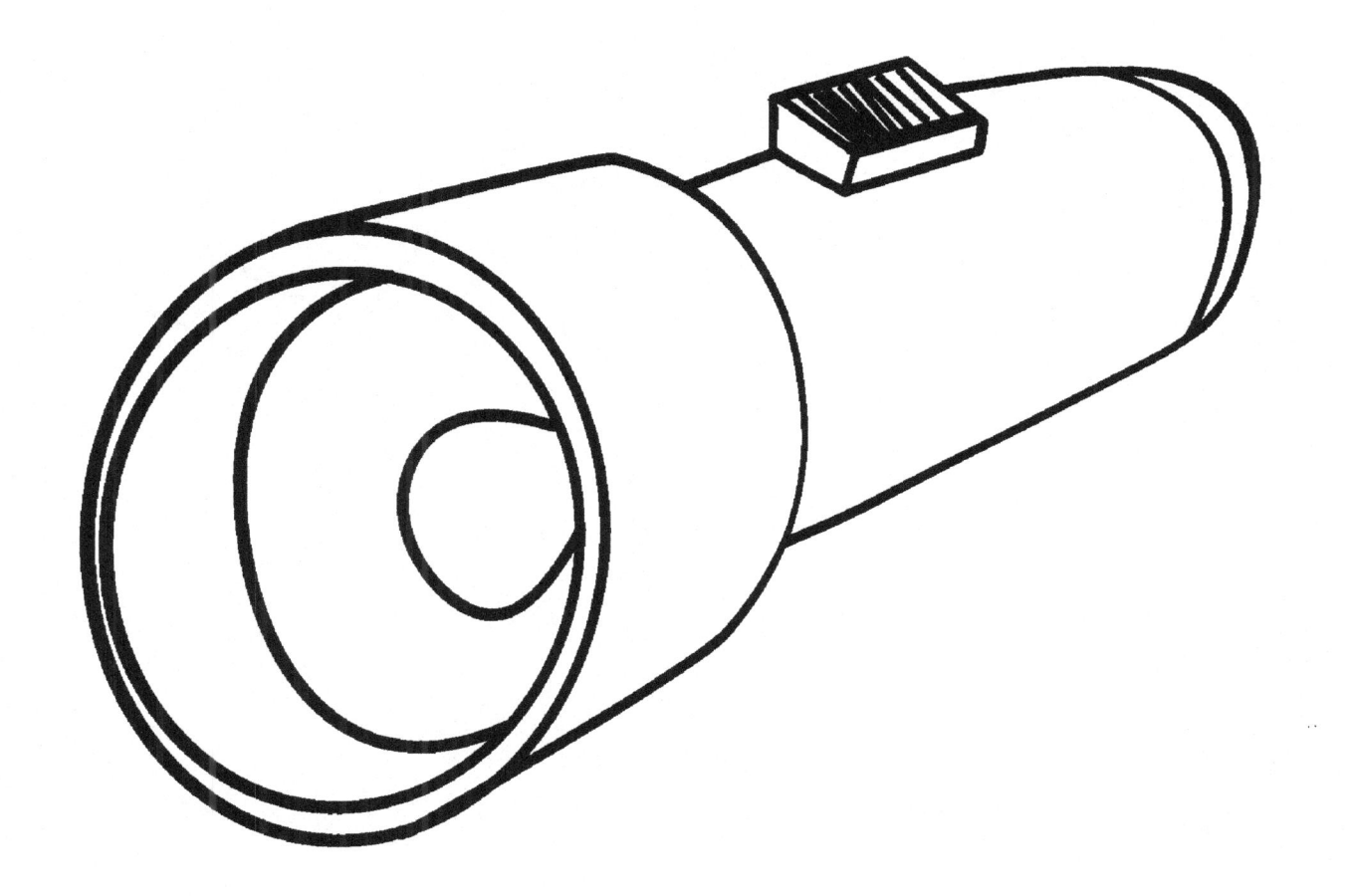

Flash Light

www.LakeFun.com

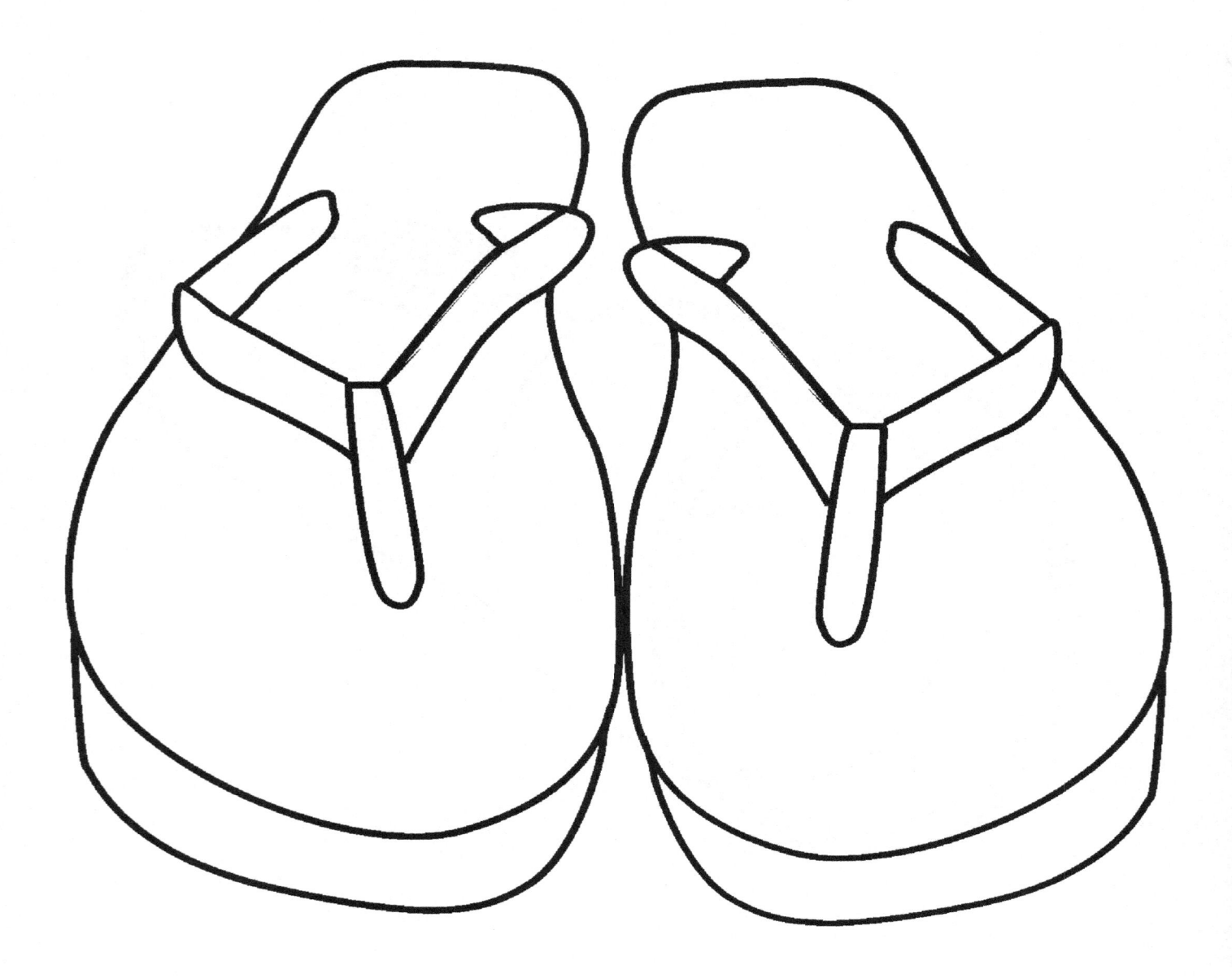

Flip Flops

Flippers

www.LakeFun.com

(Sample ½ page advertisement only $149 per year)

Advertise with us!

Do you own a family oriented business or organization that makes your lake more fun?

Advertise in this **Lake Fun Book** for a low introductory cost of $149 for a half page or $199 for a full page for a full year.

Plus a FREE basic listing on www.LakeFun.com

For more information e-mail: Jobe@LakeFun.com TODAY!

About the Author

Jobe Leonard lives in Dandridge, TN. After attending Tennessee Technological University, he received his MBA at Lincoln Memorial University. He has over 20 titles published on travel, construction, and architecture. He is a project manager with Hearthstone Homes and has currently built over 150 custom log and timber homes in 30 different states. This includes a recent project he managed that was named the 2012 National Log Home of the Year. For more information on his current projects, visit www.Jobe.ws.

If you enjoyed reading this guide I would appreciate your honest review on Amazon, Facebook, or Twitter. Also tell a friend and help me spread the word. Send any questions to JobeLeonard@gmail.com

Made in the USA
Monee, IL
07 July 2020